Aus der
Wichtelküche
Kochen für Kinder

Aus der Wichtelküche

Kochen für Kinder

EDITION XXL

Inhalt

EL: Esslöffel
TL: Teelöffel
l: Liter
g: Gramm
ml: Milliliter

Alle Rezepte für 2 Erwachsene und 2 Kinder.

Vorwort

Wichtel! Sagengestalten aus unseren Kindertagen, Verkörperung unserer Kinderträume, Sehnsüchte und Wünsche. Früher, als es sie noch gab bzw. unsere Vorfahren daran glaubten, waren sie auch ganz praktisch. Sie halfen uns Arbeiten zu erledigen und waren auch sonst gute Geister.

Manchmal trieben sie aber allerlei Schabernack mit den Menschen, ob groß oder klein. Sie hatten die witzigsten Einfälle und hätten nie einfach nur gegessen, ihre Speisen mussten immer eine kleine Geschichte erzählen oder lustige Figuren bilden.

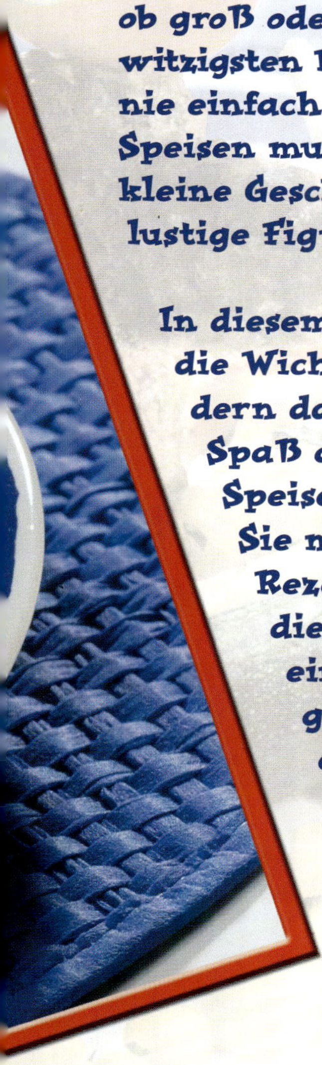

In diesem Buch sollen Ihnen die Wichtel helfen, Ihren Kindern das Kochen und den Spaß an verschiedensten Speisen zu zeigen. Lesen Sie mit Ihren Kindern die Rezepte und lassen Sie die Kinder beim Kochen einfache Dinge erledigen. Sie werden sehen, das Essen schmeckt ihnen noch mal so gut, wenn sie selbst Hand angelegt haben. Selbst bei schlechten Essern wird der Hunger kommen. Ich habe die Rezepte so gestaltet, dass Sie nicht nur für, sondern auch mit Ihren Kindern kochen können. Erleben Sie mit Ihren Kindern die Rezepte, dekorieren Sie lustige Gerichte, das macht eine Menge Spaß.

Alle Rezepte und Dekorationen sind mit einfachen Mitteln herzustellen und erfordern kein übermäßiges Geschick, auch keine besonderen Einkäufe. Genauso gut sind die Rezepte geeignet, wenn Sie für Ihre Kinder eine Überraschung planen, sei es zum Geburtstag, Kinderbesuch, als Belohnung für gute Noten oder zu sonstigen Anlässen.

Versetzen Sie sich in Ihre Kindheit zurück, regen Sie die Fantasie Ihrer Kinder an und erleben Sie fröhliche Stunden beim Kochen.

Ihr G. Poggenpohl

Meine Wichtelfamilie

Der Garnierwichtel
Mein Aufgabe ist es, leckere Speisen lustig zu dekorieren. Denn nur wenn es richtig bunt und lustig ist, schmeckt das Essen.

Salz- und Pfefferwichtel
Die nötige Würze – dafür sind wir zuständig! Wir bringen den nötigen Pep ins Essen. Ohne uns schmeckt alles fad.

Kräuterwichtel
Leckere grüne Kräuter sind das Beste, was ich zu bieten habe. Das, was ich in meinem Wichtelwald pflücke, schmeckt in allen Speisen.

Rührwichtel
Rühren, rühren, rühren: Ich bin ganz wichtig, wenn es um die Zubereitung des Essens geht. Erst wenn alles so richtig durcheinander gerührt ist, schmeckt es auch gut.

Suppenwichtel
Wenn die Suppe fertig ist, dann bin ich gefragt, oder wie willst du sie auf den Teller bekommen? Aber meinen Löffel kann man auch für andere Sachen verwenden: zum Formen, zum Knödelfischen usw.

Kluger Wichtel
Wenn du nicht mehr weiterweißt, dann frag mich: Ich habe auf alles eine Antwort und wenn nicht, dann weiß ich, wo es steht.

Opa Wichtel
Ich habe in meinem Leben schon so oft beim Kochen geholfen, jetzt sitze ich doch lieber hier und warte, bis das Essen fertig ist.

Kleiner Wichtel
Ich habe es gut, ich kann immer zuschauen, darf noch nicht mithelfen und bekomme doch die leckeren Dinge zu essen.

Chefkochwichtel
Ich bin der Chef, ich mache die leckersten und lustigsten Speisen. Komm, sieh mir über die Schulter und lerne von mir.

Träumerwichtel
Am liebsten lieg ich hier und träume, aber Träume sind wichtig. In meinen Träumen denke ich mir neue Dinge aus, die ich dann in die Tat umsetze.

Putzwichtel
Wenn es mich nicht gäbe, dann sähe die Küche oft fürchterlich aus. Wenn es kleckert, bin ich gleich mit meinem Putzlappen da.

Servierwichtel
Blitzschnell feg ich durch das Esszimmer und serviere all die Köstlichkeiten, die du so magst. Ohne Schlabbern, ohne Kleckern steht dann alles auf dem Tisch.

Probierwichtel
Probieren, ob alles schmeckt, das ist meine Aufgabe. Und wenn es noch nicht so gut ist, dann sage ich dem Salz- und Pfefferwichtel Bescheid.

Marschierwichtel
Hin und her,
überall schauen,
wo was los ist, ja, das
tue ich gern. Komm, geh
mit, ich zeig dir was. Außerdem bringe ich alle Zutaten
aus der Speisekammer.

Suppen

Zutaten:

500 g Zucchini
1 Zwiebel
2 Knoblauchzehen
2 EL Butter
1 Becher süße Sahne
Salz
Pfeffer

Für die Dekoration:

Karotten, Toastbrot für den Berg

Zubereitung:

1. Die Zucchini waschen, den Blüten- und Stielansatz entfernen und das Fruchtfleisch in Stifte hobeln. Die Zwiebel und die Knoblauchzehen schälen und hacken.

2. Die Butter in einem Topf schmelzen und die Zwiebel, den Knoblauch und die Zucchini darin anbraten. Wenn nötig, etwas Wasser dazugeben. Mit der Sahne aufgießen und mit einem Pürierstab pürieren. Die Suppe mit Salz und Pfeffer abschmecken.

3. Das Toastbrot in Würfel schneiden und in einer beschichteten Pfanne anrösten. Die Karotten putzen und längs in Streifen schneiden. Aus diesen Streifen werden dann mit einem Messer oder Ausstecher die Fische gemacht.

4. Die Suppe in tiefe Teller geben, aus den Toastbrotwürfeln einen Berg machen, die Goldfische dazugeben.

Goldfisch-Suppe

Suppen

Zutaten:

1 kleiner Blumenkohl
1 Becher süße Sahne
1/2 l Wasser
Salz
Zucker
Pfeffer

Für die Dekoration:

1/2 Becher süße Sahne, runde Schwarzbrotscheiben, kleine Blätter des Blumenkohls, Zahnstocher

Zubereitung:

1. Den Blumenkohl putzen, waschen und in Röschen teilen.

2. Die Blumenkohlröschen mit dem Wasser in einem Topf erhitzen und ca. 7 Minuten köcheln lassen. Die Sahne dazugeben und mit einem Pürierstab pürieren. Mit Zucker, Salz und Pfeffer abschmecken.

3. Für die Wellen in der Suppe den halben Becher Sahne steif schlagen. Die Schwarzbrotscheiben auslegen und halbieren, aus den Zahnstochern und den kleinen Blättern des Blumenkohls die Segel herstellen und auf die Scheiben stecken.

Segelregatta der Wichtel

Suppen

Zutaten:

1 Packung Buchstabennudeln
1 Packung Mischgemüse
(aus der Tiefkühltheke)
2 Hähnchenschnitzel
750 ml Brühe
2 EL Kräuter
Salz
Pfeffer

Zubereitung:

1. Die Nudeln nach Packungsanweisung kochen, in ein Sieb abschütten – Vorsicht das Wasser ist heiß, dabei solltest du dir helfen lassen – dann die Nudeln mit kaltem Wasser abschrecken.

2. Die Hähnchenschnitzel unter fließendem Wasser abwaschen, abtupfen und in Streifen schneiden.

3. Die Brühe erhitzen, das Mischgemüse, die Hähnchenstreifen und die Kräuter dazugeben und alles ca. 5 Minuten köcheln lassen, mit Salz und Pfeffer abschmecken. Die Buchstabennudeln darunter geben und auf Tellern anrichten.

Schlaue Suppe

Kleine Gerichte

Zutaten:

4 längliche Brötchen
1 Packung Frischkäse
200 g gekochter Schinken
200 g Emmentaler
2 Tomaten

Für die Dekoration:

Karotten, Schnittlauch, Majonäse

Zubereitung:

1. Die Brötchen aufschneiden und mit dem Frischkäse bestreichen. Dann den Schinken, den Käse und die in Scheiben geschnittenen Tomaten darauf geben und alles zusammenklappen.

2. Dann aus Karotten, Schnittlauch und Majonäse ein Mäuschen modellieren.

3. Die Brötchen lassen sich natürlich auch mit anderen Sachen belegen, wie z. B. mit Salami, Mozzarella, rohem Schinken usw.

Die Katze lässt das Mausen nicht

Kleine Gerichte

Zutaten:

12 Scheiben Brot
250 g Frischkäse
2 Eier
1 rote Paprikaschote
1 Karotte
5 Cocktailtomaten

Für die Dekoration:

1 Bund Schnittlauch

Zubereitung:

1. Die Eier ca. 8 Minuten kochen, in kaltem Wasser abschrecken, abschälen und in Scheiben schneiden.

2. Die Karotte schälen und grob raspeln. Die Paprikaschote halbieren und das Kerngehäuse entfernen, anschließend in Spalten schneiden. Den Schnittlauch abbrausen und trockenschütteln.

3. Aus den Brotscheiben mit einem Messer verschiedene Formen ausschneiden, wie z. B. Füße, Hände, Herzen, Monde usw. Im Handel sind verschiedene Ausstecher erhältlich.

4. Die Brotscheiben mit dem Frischkäse bestreichen, mit den Eischeiben, den Paprikaspalten, dem Schnittlauch und der geraspelten Karotte lustige, dekorative Brot herstellen.

Wichteliges Pausenbrot

Kleine Gerichte

Zutaten:

4 Karotten
1 Bund Staudensellerie
1 Becher Crème fraîche
250 g Jogurt
1 Bund Schnittlauch
1 TL Curry
1 TL brauner Zucker
1 TL Paprikapulver
Salz
Pfeffer

Für die Dekoration:

große Muscheln oder andere interessante Behältnisse.

Zubereitung:

1. Den Schnittlauch abbrausen, ausschütteln und in feine Röllchen schneiden. Die Karotten schälen, längs halbieren und in dünne Stifte schneiden. Den Staudensellerie abbrausen und ausschütteln. Den Strunk abschneiden, von den einzelnen Selleriestangen die Fäden abziehen und den Sellerie in ca. 10 cm lange Stücke schneiden. Du kannst auch andere Gemüsesorten verwenden, wie z. B. Kohlrabi, Gurken, Paprikaschoten usw.

2. Die Crème fraîche und den Jogurt vermischen und auf drei Schüsseln verteilen. Die Schnittlauchröllchen in eine der Schüsseln geben, unterrühren, mit Salz und Pfeffer abschmecken. Die zweite Sauce stellst du mit dem Curry und dem braunen Zucker her und schmeckst sie mit Salz und Pfeffer ab. In die letzte Schüssel rührst du das Paprikapulver ein und schmeckst ebenfalls mit Salz und Pfeffer ab.

3. Je nach Geschmack werden die Gemüsestifte in die Saucen gedippt.

Kleine Gerichte

Zutaten:

2 Packungen runde Pumpernickel
200 g Kräuter-Frischkäse
200 g Paprika-Frischkäse
150 g Leberstreichwurst
150 g Teewurst

Für die Dekoration:

8 Scheiben Bierwurst, 4 Basilikumspitzen, 8 Cocktailtomaten, 2 hart gekochte Eier, 1 Salatgurke, 4 Zahnstocher

Zubereitung:

1. Die Gurke schälen und in 3 cm große Würfel schneiden. Die Cocktailtomaten abbrausen und abtrocknen.

2. Den Pumpernickel auf acht Portionen aufteilen und jeweils 4 Türme herstellen, davon zwei mit Wurst und zwei mit Käse bestrichen. Die Käsetürme werden mit den Gurkenwürfeln und dem Basilikum dekoriert. Für das Windrad der Wursttürme werden die Wurstscheiben gerollt, jeweils zwei über Kreuz zusammengelegt, mit einem Zahnstocher befestigt, obenauf kommt eine Cocktailtomate als Abschluss.

3. Die Türme auf einer Platte anrichten und mit Cocktailtomaten, Gurken und Eischeiben servieren.

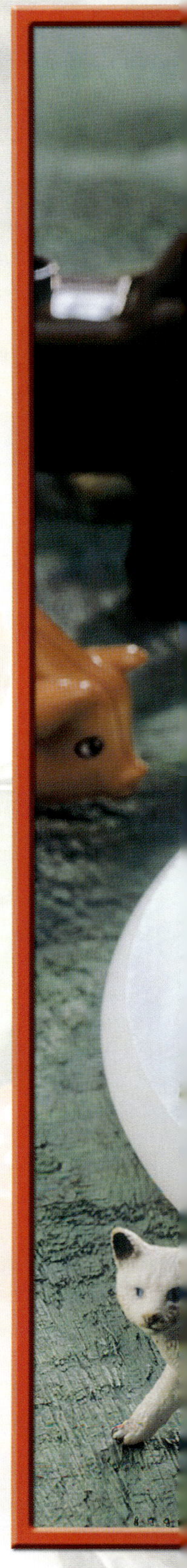

Würzige Windmühlen

Kleine Gerichte

Zutaten:

2 Salatgurken
250 g Frischkäse
1 Becher Crème fraîche
1 Bund Dill
1 TL Paprikapulver
1 Mango
Zucker
Salz
Pfeffer

Für die Dekoration:

Gebäckstangen (Grissini)

Zubereitung:

1. Den Frischkäse mit der Crème fraîche vermischen. Den Dill abbrausen und die Blätter von den Stielen zupfen, größere Blätter zerteilen. Die Dillblätter mit der Hälfte des Käses vermischen, mit Salz und Pfeffer abschmecken. Die Mango schälen, den Kern entfernen und das Fruchtfleisch fein hacken. Mit der anderen Hälfte des Käses vermischen, das Paprikapulver dazugeben, mit Zucker, Salz und Pfeffer abschmecken.

2. Die Gurken unter fließendem Wasser waschen und mit einem Zestenreißer die Gurkenschale so entfernen, dass ein Muster entsteht. Die Gurken in 5 cm lange Stücke schneiden und mit einem Ausstecher oder einem Löffel aushöhlen.

3. In die ausgehöhlten Gurkenstücke die verschiedenen Käsesorten einfüllen. Aus den Gebäckstangen Trommelstöcke brechen und sie auf die Gurkenstücke legen.

Wichteltrommeln

Salate

Zutaten:

1 Packung Blätterteig
5 Eier, 4 Wienerwürste
1 Eisbergsalat, 2 EL Zucker
Saft einer Zitrone
3 EL Olivenöl, Salz, Pfeffer

Für die Dekoration:

1 rote Paprikaschote,
Majonäse

Zubereitung:

1. Den Backofen auf 180° C vorheizen und ein Backblech mit Backpapier auslegen.

2. Vier Eier ca. 8 Minuten kochen, dann mit kaltem Wasser abschrecken und abpellen. Ein Ei in einer Schüssel aufschlagen und mit einer Gabel verquirlen.

3. Den Blätterteig ausrollen und mit verschieden großen Gläsern Kreise ausstechen. Die verschieden großen Kreise übereinander legen und mit dem aufgeschlagenen Ei bestreichen. Die Würste auf das Backpapier legen und die Schneckenhäuser auf die Würste setzen. Im Backofen ca. 15 Minuten backen.

4. Von dem Eisbergsalat die äußeren Blätter entfernen, den Salat waschen, abtropfen lassen und in 1 cm dicke Streifen schneiden. Die Salatstreifen in eine Schüssel geben, aus Zucker, Olivenöl, Zitronensaft, Salz und Pfeffer eine Marinade anrühren und über den Salat geben.

5. Aus der Paprikaschote dünne Streifen schneiden, das werden die Fühler der Schnecke, die dann vorne in die Würstchen gesteckt werden. Den angemachten Salat auf einer Platte verteilen, die in Scheiben geschnittenen Eier darüber geben und die Schnecken darauf setzen.

Schnecken im Salat

Salate

Zutaten:

250 g aufgeschnittener Leberkäse
200 g geschnittener Emmentaler
2 Frühlingszwiebeln
2 EL Essig
2 EL Öl
1 TL Zucker
Salz
Pfeffer

Für die Dekoration:

1 EL Gänseblümchen, verschiedene Ausstecher

Zubereitung:

1. Die Frühlingszwiebeln putzen und in Ringe schneiden. Aus dem Essig, dem Öl, dem Zucker, dem Salz und dem Pfeffer eine Marinade anrühren und abschmecken.

2. Den Käse in Streifen schneiden, die Leberkäsescheiben auslegen und verschiedene Figuren ausstechen.

3. Alles in eine Schüssel geben, mit der Marinade vermischen und die Gänseblümchen darüber streuen.

Wichtelsalat

Salate

Zutaten:

500 g Kartoffeln
8 Eier
1 Salatgurke
1 Zwiebel
1 Schale Kresse
3 EL Majonäse
100 ml Gemüsebrühe
3 EL Essig
Salz
Pfeffer

Für die Dekoration:

Schnittlauch und
Radieschen

Zubereitung:

1. Die Kartoffeln waschen und in reichlich Wasser gar kochen, abschütten – dabei solltest du dir helfen lassen – und zum Auskühlen beiseite stellen.

2. Die Eier ca. 10 Minuten kochen, dann mit kaltem Wasser abschrecken und abpellen.

3. Die Zwiebel schälen und fein hacken. Die Gurke waschen und mit einem Gemüsehobel in Stifte schneiden.

4. Die Kartoffeln abschälen und in Scheiben schneiden. Mit der Gurke und den Zwiebeln vermischen. Die Majonäse, die Gemüsebrühe und den Essig untermischen, mit Salz und Pfeffer abschmecken. Die Hälfte der Kresse unter den Kartoffelsalat ziehen, die andere Hälfte nach dem Anrichten auf Tellern darüber streuen.

5. Mit dem Schnittlauch und den Radieschen die Eier zu Mäusen dekorieren und auf den Kartoffelsalat setzen.

Mäuse auf dem Kartoffelacker

Salate

Zutaten:

250 g bunte Nudeln
200 g Fleischwurst
1 rote Paprikaschote
1 gelbe Paprikaschote
1 kleines Glas Essiggurken
1 kleines Glas Majonäse
Salz
Pfeffer

Für die Dekoration:

Cocktailtomaten

Zubereitung:

1. Die Nudeln in reichlich Salzwasser bissfest kochen. In ein Sieb abschütten – dabei solltest du dir helfen lassen – und mit kaltem Wasser abschrecken.

2. Die Fleischwurst in Streifen schneiden, die Paprikaschoten halbieren, das Kerngehäuse entfernen und das Fruchtfleisch in Würfel schneiden. Die Essiggurken aus dem Glas nehmen und das Glas beiseite stellen, die Essiggurken in mundgerechte Stücke teilen, danach alles mit den Nudeln vermischen.

3. Die Majonäse in eine Schüssel geben und mit etwas Gurkenwasser verrühren, sodass eine flüssige Salatsauce entsteht, mit Salz und Pfeffer abschmecken. Die Salatsauce mit den Salatzutaten vermischen und ca. eine Stunde ziehen lassen, gegebenenfalls noch einmal abschmecken. Zum Schluss mit Cocktailtomaten garnieren.

Bunter Wichtelsalat

Hauptgerichte

Zutaten:

100 g Popcornmais
4 Eier, 2 EL Mehl
1 Becher Schmand
2 EL Öl, 1 rote Paprikaschote
1 gelbe Paprikaschote
1 Zucchini, 1 Karotte
2 Tomaten
100 g geriebener Emmentaler
Salz, Pfeffer

Für die Dekoration:

Ketschup, 8 Popcornstücke,
2 Zucchinischeiben

Zubereitung:

1. Das Popcorn nach Packungsanweisung herstellen und auskühlen lassen. Für die Dekoration einige schöne Popcornstücke zur Seite legen.

2. Die Paprikaschoten halbieren, das Kerngehäuse entfernen und das Fruchtfleisch in mundgerechte Stücke teilen. Die Zucchini abwaschen, zwei Scheiben längs herunterschneiden und den Rest würfeln. Die Karotte abschälen und raspeln, die Tomaten abwaschen und in Scheiben schneiden.

3. Den Backofen auf 180° C vorheizen, ein Backblech mit Backpapier auslegen und die Gemüsestücke in vier Portionen darauf geben und mit Käse bestreuen. Die Portionen sollten ungefähr den Durchmesser von 10 cm haben. Die zwei Zucchinischeiben kommen mit auf das Backblech. Das Ganze im Backofen ca. 10 Minuten backen.

4. Die Eier in einer Schüssel aufschlagen, das Mehl, den Schmand und das Popcorn dazugeben, alles verrühren, mit Salz und Pfeffer abschmecken.

5. Das Öl in einer Pfanne erhitzen und acht Popcorntaler mit einem Durchmesser von 10 cm herausbacken. Einen Popcorntaler auf einen Teller geben, das Gemüse darauf setzen, mit den Tomatenscheiben belegen und den zweiten Popcorntaler darauf geben. Die Zucchinischeiben halbieren und als Zunge an den fertigen Frosch legen. Aus dem Ketschup und den Popcornstücken dem Frosch die Augen machen.

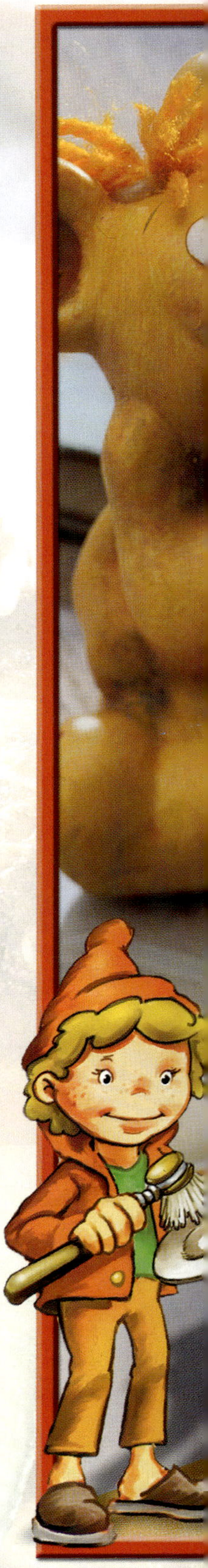

Waldfrösche

Hauptgerichte

Zutaten:

4 Hamburger-Brötchen
400 g Hackfleisch
1 kleine Zwiebel
2 Scheiben Toastbrot
Salz, Pfeffer, 2 EL Öl,
2 Tomaten, einige Salatblätter
1 Salatgurke, Majonäse
Ketschup rot und grün

Für die Dekoration:

Gurkenscheiben, Cocktailtomaten, 1 rote Paprikaschote, Maiskölbchen

Zubereitung:

1. Die Toastbrotscheiben in etwas Wasser einweichen, die Zwiebel schälen und fein hacken. Das Hackfleisch in eine Schüssel geben. Die Toastbrotscheiben ausdrücken und dann mit der Zwiebel und dem Hackfleisch vermischen, mit Salz und Pfeffer abschmecken. Die Tomaten, die Gurke und die Salatblätter waschen, die Tomaten in Scheiben schneiden und die Gurke in Stifte hobeln.

2. Die Hackfleischmasse zu Kugeln formen und platt drücken. Das Öl in einer Pfanne erhitzen und das Hackfleisch von beiden Seiten ca. 3 Minuten braten.

3. Die Brötchen aufschneiden, mit den Salatblättern belegen, das Hackfleisch, die Tomatenscheiben und die Gurkenstifte darauf geben. Je nach Geschmack mit Majonäse und Ketschup würzen.

4. Aus den Dekorationszutaten lustige Gesichter machen.

Wichtelburger

Hauptgerichte

Zutaten:

750 g Kartoffeln
250 ml Milch
2 EL Butter
100 g Speck
2 Frühlingszwiebeln
2 Packungen Gemüsestäbchen (aus der Tiefkühltheke)
2 EL Öl
Salz
Pfeffer

Für die Dekoration:

Cocktailtomaten, eine gelbe Paprikaschote, Kresse, Zahnstocher

Zubereitung:

1. Den Speck in Würfel schneiden und in einer Pfanne anbraten. Die Frühlingszwiebeln putzen, die äußeren Blätter entfernen und die Zwiebeln in Ringe schneiden.

2. Die Kartoffeln schälen und in reichlich Salzwasser gar kochen. Wenn die Kartoffeln gar sind, abschütten und durch eine Kartoffelpresse drücken. Die Milch erhitzen und unter die Kartoffeln rühren. Die Butter, den Speck und die Frühlingszwiebeln dazugeben, alles vermischen und mit Salz und Pfeffer abschmecken.

3. Das Öl in einer Pfanne erhitzen und die Gemüsestäbchen darin braten. Das Kartoffelpüree auf Teller geben und die Gemüsestäbchen wie eine Festung anrichten.

Wichtelfestung

Hauptgerichte

Zutaten:

300 g Schweineschnitzel
1 Becher süße Sahne
2 Frühlingszwiebeln
2 EL Öl
250 g Knödelbrot
200 ml Milch
2 EL Semmelbrösel
1 Ei
Salz
Pfeffer

Für die Dekoration:

Pistazien, eine Karotte, Zahnstocher, Bastelstroh, Bindegarn

Zubereitung:

1. Die Schnitzel halbieren und in dünne Streifen schneiden. Die Frühlingszwiebeln putzen, die äußeren Blätter entfernen und die Zwiebeln in Ringe schneiden. Das Öl in einer Pfanne erhitzen, das Schweinefleisch darin anbraten, mit der Sahne aufgießen, die Frühlingszwiebeln dazugeben, mit Salz und Pfeffer abschmecken.

2. Die Milch erhitzen, das Knödelbrot in eine Schüssel geben, die Milch darüber gießen und ca. 5 Minuten ziehen lassen. Das Ei aufschlagen und dazugeben, die Semmelbrösel darüber streuen, alles vermischen, mit Salz und Pfeffer abschmecken.

3. Aus der Knödelmasse verschieden große Kugeln formen und im heißen Salzwasser ca. 15 Minuten ziehen lassen.

4. Aus drei verschieden großen Knödeln mit einem Zahnstocher einen Schneemann zusammenstecken, mit den Pistazien und der Karotte dekorieren. Aus Bindegarn, Bastelstroh und Zahnstocher einen Besen herstellen.

5. Das Geschnetzelte auf Tellern anrichten und jeweils einen Schneemann darauf setzen.

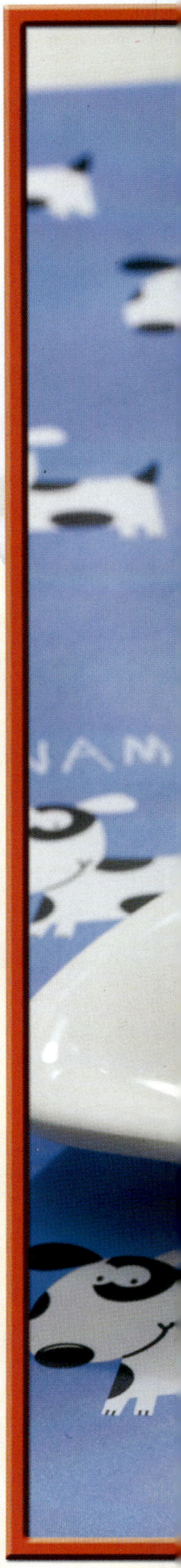

Schneemänner

Hauptgerichte

Zutaten:

4 Paprikaschoten
400 g Hackfleisch
100 g Reis
1 Zwiebel
1 Knoblauchzehe
1/2 Bund Petersilie
Salz
Pfeffer

Für die Dekoration:

eine Salatgurke, Petersilie, ein Stück Paprikaschote

Zubereitung:

1. Den Reis kochen, die Zwiebel und die Knoblauchzehe schälen und fein hacken. Die Petersilie abbrausen, ausschütteln und hacken. Den Reis mit der Zwiebel, dem Knoblauch, der Petersilie und dem Hackfleisch vermischen, mit Salz und Pfeffer würzen.

2. Den Backofen auf 180° C vorheizen, ein Backblech mit Backpapier auslegen. Von drei Paprikaschoten längs 1/3 abschneiden. Eine Paprikaschote so aufschneiden, dass sie wieder geschlossen werden kann. Aus allen Paprikaschoten das Kerngehäuse entfernen und sie mit der Hackfleischmasse füllen. Das Ganze auf das Backblech legen und im Backofen ca. 35 Minuten backen.

3. Von der Gurke 16 Scheiben abschneiden, das werden die Räder. Dann die Gurke schälen, aus den Schalen machst du die Schienen. Aus den restlichen Dekorationszutaten dekorierst du die Eisenbahn.

Die Eisenbahn

Zutaten:

1 Aubergine
400 g Hackfleisch
1 Zwiebel
1/2 Bund Petersilie
150 g geriebener Käse
Salz, Pfeffer
1 EL Öl

Für die Dekoration:

Country-Kartoffeln, Majonäse

Zubereitung:

1. Den Backofen auf 180° C vorheizen und ein Backblech mit Backpapier auslegen. Die Aubergine so aufschneiden, dass die Form eines Schiffes entsteht. Mit einem Löffel die Aubergine aushöhlen.

2. Die Zwiebel schälen, die Petersilie abbrausen, ausschütteln und beides fein hacken. Das Hackfleisch in eine Schüssel geben, mit der Zwiebel und der Petersilie vermischen, mit Salz und Pfeffer abschmecken. Aus einem Drittel des Hackfleisches drei Röllchen formen und in einer Pfanne in etwas Öl braten, das werden die Schornsteine des Dampfers. Den Käse mit dem restlichen Hackfleisch vermischen, die Aubergine damit füllen und im Backofen ca. 30 Minuten backen. Die Country-Kartoffeln nach 15 Minuten zu der Aubergine auf das Backblech geben.

3. Wenn die Aubergine fertig ist, sie auf eine Platte geben, die Fleischröllchen darauf setzen, mit etwas Majonäse den Rauch dekorieren, die Kartoffeln dazugeben.

Der Dampfer

Zutaten:

4 Zucchini
100 g Hackfleisch
1 kleine Dose Mais
2 Tomaten
2 Kugeln Mozzarella
1/2 Bund Petersilie
Salz
Pfeffer

Für die Dekoration:

Zahnstocher, Holzspieße, viel Cocktailtomaten, eine Karotte

Zubereitung:

1. Den Backofen auf 180° C vorheizen, ein Backblech mit Backpapier auslegen. Die Zucchini waschen und das obere Drittel längs abschneiden. Die Petersilie abbrausen, ausschütteln und fein hacken, die Tomaten waschen und in Würfel schneiden. Den Mais in ein Sieb abschütten. Den Mozzarella und das obere Drittel der Zucchini in Würfel schneiden. Die aufgeschnittenen Zucchini aushöhlen, das Fruchtfleisch ebenfalls klein schneiden. Alles in eine Schüssel geben, vermischen, mit Salz und Pfeffer würzen, die Zucchini damit füllen. Die gefüllten Zucchini auf das Backblech legen und ca. 20 Minuten backen.

2. Das Hackfleisch mit Salz und Pfeffer würzen, Röllchen daraus formen, das werden später die Ruderer. Das Öl in einer Pfanne erhitzen und die Hackfleischröllchen braten.

3. Aus den Hackfleischröllchen, den Zahnstochern und den Cocktailtomaten die Ruderer machen. Die Karotte schälen und schräg in Scheiben schneiden, auf die Holzspieße stecken, das werden die Ruder.

Ruderboote

Hauptgerichte

Zutaten:

200 g Reis
1 Packung Farmergemüse (aus der Tiefkühltheke)
1 großer Kohlrabi
1 EL Butter
Salz, Pfeffer

Für die Dekoration:

eine Salatgurke, Cocktailtomaten

Zubereitung:

1. Den Reis kochen, wenn er fertig ist, in ein Sieb abschütten. Die Butter in einem Topf schmelzen und das Farmergemüse darin braten, den fertigen Reis dazugeben, mit Salz und Pfeffer würzen.

2. Den Kohlrabi schälen, in 1 cm dicke Scheiben schneiden und in Salzwasser 3 Minuten kochen. Die Gemüse-Reismischung in einen runden Schöpflöffel füllen, andrücken und auf Teller setzen. Die Kohlrabischeiben der Rundung des Reis anpassen und anlegen.

3. Die Gurke schälen, die Schalen werden zum Verzieren der Mütze genommen, eine halbe Cocktailtomate wird der Bommel.

Baseballkappen

Zutaten:

400 g Hackfleisch
1 kleine Zwiebel
2 Scheiben Toastbrot
2 EL Öl, 250 g Erbsen
50 ml Wasser
1 EL Butter, Salz, Pfeffer

Für die Dekoration:

4 dünne Scheiben Leberkäse, Cocktailtomaten, Holzspieße, Majonäse

Zubereitung:

1. Die Toastbrotscheiben in etwas Wasser einweichen, die Zwiebel schälen und fein hacken. Das Hackfleisch in eine Schüssel geben. Die Toastbrotscheiben ausdrücken und dann mit der Zwiebel und dem Hackfleisch vermischen, mit Salz und Pfeffer abschmecken.

2. Die Erbsen mit dem Wasser in einen Topf geben und ca. 3 Minuten kochen. Mit einem Pürierstab das Erbsengemüse pürieren, die Butter einrühren, mit Salz und Pfeffer abschmecken.

3. Aus der Hackfleischmasse fingerdicke Röllchen formen. Je 6 Röllchen auf zwei Spieße stecken, sodass 4 Flöße entstehen. Die anderen Röllchen werden einzeln gebraten. Das Öl in einer Pfanne erhitzen und das Hackfleisch braten.

4. Aus den Röllchen die Flöße und die Männchen zusammenstecken. Das Segel wird aus einem Holzspieß und einer Leberkässcheibe hergestellt, der Rettungsring ist eine Tomatenscheibe mit Majonäse. Das Erbsenpüree auf die Teller verteilen und die Flöße darauf setzen.

Rettungsflöße

Hauptgerichte

Zutaten:

300 g Hackfleisch
1 Zwiebel, 1 Brötchen
1 Ei, 1 EL gemischte Kräuter
2 EL Öl , 250 g Karotten
500 g Kartoffeln
250 ml Milch, 2 EL Butter
1 TL Salz, 1/2 TL Pfeffer

Für die Dekoration:

Kresse, eine gelbe Paprikaschote, eine Tomate, Majonäse

Zubereitung:

1. Die Kartoffeln waschen und in einem Topf mit reichlich Wasser gar kochen. Während die Kartoffeln kochen, das Brötchen in heißem Wasser ca. 10 Minuten einweichen. Die Zwiebel schälen, mit einem Messer halbieren, in Streifen schneiden und fein hacken.

2. Das Brötchen ausdrücken, mit den Kräutern, der gehackten Zwiebel, dem Ei, Salz, Pfeffer und dem Hackfleisch in eine Schüssel geben. Mit den Händen verkneten. Probier, ob noch Salz und Pfeffer fehlen, eventuell nachwürzen. Aus der Masse handtellergroße Kugeln formen und flach drücken. Das Öl in einer Pfanne erhitzen und die Fleischlaibchen darin von beiden Seiten ca. 5 Minuten braten.

3. Die Karotten schälen und in einem Topf mit etwas Salzwasser dünsten.

4. In einem Topf die Milch erhitzen und die Butter darin schmelzen (immer wieder mal umrühren, die Milch brennt leicht an).

5. Die Kartoffeln abschütten — dabei solltest du dir helfen lassen — und pellen, dafür nimmst du am besten eine Gabel und ein Gemüsemesser. Die Kartoffeln durch eine Presse in eine Schüssel drücken und mit der warmen Milch vermischen. Mit Salz abschmecken.

6. Auf Tellern anrichten und lustig, z. B. als Gesicht, dekorieren.

Lustige Fleischlaibchen

Hauptgerichte

Zutaten:

8 kleine Schweineschnitzel
2 Eier
4 EL Mehl
100 g Paniermehl
Salz
Pfeffer
100 ml Öl

Für die Dekoration:

Frühlingszwiebeln, Cocktailtomaten, 4 Wienerwürstchen, Petersilie

Zubereitung:

1. Das Mehl in einen Teller füllen, die Eier aufschlagen, in einen Teller geben und verquirlen. Das Paniermehl ebenfalls in einen Teller schütten. Die Schnitzel salzen und pfeffern und nacheinander im Mehl, den Eiern und dem Paniermehl wenden.

2. Das Öl in einer Pfanne erhitzen und die panierten Schnitzel darin goldbraun braten.

3. Je zwei der Schnitzel auf Teller legen und aus den Dekorationszutaten die Augen, die Stoßzähne und den Rüssel des Elefanten herstellen.

Elefantenohren

Hauptgerichte

Zutaten:

8 Pressfleisch-Tauben (Fertigprodukt)
600 g Erbsen und Möhren (aus der Tiefkühltheke)
12 Baum-Kroketten
1/2 Becher süße Sahne
1 TL Speisestärke
1 EL Butter
Salz
Pfeffer
Zucker

Für die Dekoration:

Erbsen für die Augen und etwas Petersilie

Zubereitung:

1. Den Backofen auf 180° C vorheizen. Ein Backblech mit Backpapier auslegen, die Tauben und die Baumkroketten darauf legen. Im Backofen beides ca. 20 Minuten backen.

2. Die Butter in einem Topf erhitzen, die Erbsen und die Möhren dazugeben und andünsten, mit einem Kochlöffel immer wieder umrühren. Die Speisestärke mit der Sahne vermischen und mit einem Schneebesen glatt rühren, dann zu den Erbsen und Möhren geben. Mit Salz, Pfeffer und Zucker abschmecken.

3. Je zwei Tauben mit den Erbsen und Möhren sowie den Kroketten auf Tellern anrichten, dass es wie ein Nest auf einem Ast aussieht.

Turteltauben im Nest

Zutaten:

1 fertiger Pizzateig
100 g Salami
100 g geriebener Pizzakäse
1 Packung passierte Tomaten
2 EL gemischte Kräuter
Salz
Pfeffer

Für die Dekoration:

Cocktailtomaten, gekochte Spagetti, gekochte Farfalle, Maiskolben, Oliven, Zucchini, Eischeiben

Zubereitung:

1. Den Backofen auf 180° C vorheizen, ein Backblech mit Backpapier auslegen.

2. Den Pizzateig ausrollen und in Rauten schneiden. Die passierten Tomaten mit den gemischten Kräutern in eine Schüssel geben, mit Salz und Pfeffer würzen. Die Rauten auf das Backblech legen und jede Raute mit den passierten Tomaten bestreichen. Aus den Dekorationszutaten lustige Gesichter formen. Dann die Pizzarauten im Backofen ca. 15 Minuten backen, etwas auskühlen lassen und auf Tellern anrichten. Aus den Spagetti und den Farfalle die Schwänze für die Windvögel auslegen.

Windvögel

Hauptgerichte

Zutaten:

12 kleine runde Kartoffeln
4 Bratwurstschnecken
800 g Rotkohl
(aus der Tiefkühltheke)
2 EL Butter
2 EL Öl
Salz
Pfeffer
Zucker

Für die Dekoration:

1 Karotte

Zubereitung:

1. Die Kartoffeln abschälen und in Salzwasser gar kochen.

2. Die Butter in einem Topf schmelzen, den Rotkohl dazugeben, erhitzen, mit Salz, Pfeffer und Zucker abschmecken.

3. Das Öl in einer Pfanne erhitzen und die Bratwurstschnecken von beiden Seiten darin braten.

4. Aus der Karotte vier gespaltene Zungen schneiden.

Die Holzspieße aus der Bratwurst entfernen. Die Bratwurst zu einer Schlange dekorieren. Die Augen der Schlange kann man mit Kartoffelstückchen oder Majonäse formen.

5. Die Kartoffeln und den Rotkohl auf Tellern anrichten und die Bratwurstschlangen darauf setzen.

Schlangennester

Hauptgerichte

Zutaten:

500 g Spagetti
1 Bund grüner Spargel
1 Beutel Pinienkerne
1 Bund Basilikum
3 EL geriebener Parmesankäse
3 Knoblauchzehen
6 EL Olivenöl

Für die Dekoration:

4 Cocktailtomaten,
Zahnstocher

Zubereitung:

1. Die Knoblauchzehen schälen und grob zerteilen. Die Blätter des Basilikums von den Stielen zupfen, mit den Pinienkernen, den Knoblauchzehen, dem Olivenöl und dem Parmesankäse in eine Küchenmaschine geben und zu einem Pesto verarbeiten.

2. Die Spagetti in reichlich Salzwasser bissfest kochen, dann abschütten.

3. Von dem Spargel die Enden abschneiden und den Spargel in Salzwasser ca. 10 Minuten kochen.

4. Die gekochten Spagetti mit dem Pesto vermischen und auf Tellern anrichten.
Aus je einer Stange Spargel und einer Tomate die Nadel für den Heuhaufen herstellen.

Die Nadel im Heuhaufen

Hauptgerichte

Zutaten:

2 Kohlrabi mit Grün
1 Packung Fischstäbchen
1 Becher Crème fraîche
1 Schale Kresse
150 ml Wasser, 2 EL Olivenöl
Salz, Pfeffer

Für die Dekoration:

Zahnstocher, je eine rote und gelbe Paprikaschote, Schokoladentaler

Zubereitung:

1. Den Kohlrabi oben am Grün so abschneiden, dass eine etwa ein Zentimeter dicke Scheibe bleibt, das wird deine Schatzinsel. Den restlichen Kohlrabi schälen, halbieren und mit einem Gemüsehobel in feine Scheiben schneiden. (Am besten verwendest du den Festhalter des Hobels.) Die Kohlrabischeiben in einen Topf geben, das Wasser dazugießen und 5 Minuten dünsten. Die Crème fraîche einrühren und mit Salz und Pfeffer abschmecken. Mit einer Schere die Kresse abschneiden und unter das Kohlrabigemüse mischen.

2. Das Öl in einer Pfanne erhitzen und die Fischstäbchen darin braten, immer wieder mal umdrehen. Aus der gelben und roten Paprikaschote mit einem kleinen scharfen Messer Segel schneiden und sie auf Zahnstocher schieben. Die Segel auf die Fischstäbchen stecken. Vier Teller herrichten und die Schatzinseln darauf setzen.

3. Du wirst gemerkt haben, dass nur zwei Schatzinseln da sind, auf die beiden anderen Teller gibst du einfach ein Schiff mehr. Das Kohlrabigemüse so auf die Teller geben, dass es wie Wellen aussieht. Die Fischstäbchenschiffe auf die Wellen setzen.

4. Als Schatz kannst du unter den Inseln Schokoladen-Goldtaler verstecken. Du findest diesen Schatz, wenn du den Teller leer gegessen hast.

Fischstäbchen auf hoher See

Süße Gerichte

Zutaten:

500 g Äpfel
1 EL Zucker
100 ml Wasser
700 g Kartoffeln
50 ml Öl

Für die Dekoration:

1 Apfel, Marshmallows

Zubereitung:

1. Die Äpfel schälen, vierteln und das Kerngehäuse entfernen. Die Apfelstücke mit dem Wasser und dem Zucker in einen Topf geben und ca. 5 Minuten bei geringer Hitze kochen, gelegentlich umrühren. Den Topf vom Herd nehmen, etwas abkühlen lassen und das Ganze mit einem Pürierstab zu einem Mus verarbeiten, eventuell noch mit etwas Zucker abschmecken.

2. Die Kartoffeln schälen und über eine grobe Gemüsereibe in ein Sieb hobeln, sodass längliche Stifte entstehen.

3. Das Öl in einer Pfanne erhitzen, die Kartoffelstifte etwas ausdrücken, löffelweise in die Pfanne geben und platt drücken. Die Kartoffelpuffer von beiden Seiten goldbraun braten. Den Apfel für die Dekoration in Scheiben schneiden und in der Pfanne kurz anbraten.

4. Das Apfelmus auf Teller geben, die Kartoffelpuffer darauf setzen, mit je einer Apfelscheibe und den Marshmallows dekorieren.

Drachenfelsen

Süße Gerichte

Zutaten:

80 g Butter
150 g Mehl
300 ml Milch
2 Eier
1 EL Anis
Salz
40 g Zucker
250 g gemischte Früchte
(aus der Tiefkühltheke)
1 EL Zucker

Für die Dekoration:

1 Dose Pfirsichspalten,
Früchte, Gänseblümchen

Zubereitung:

1. Die Butter zerlassen. Die Milch und das Mehl mit einem Schneebesen verrühren und dann die Butter dazugeben. Die Eier aufschlagen und mit dem Salz, dem Zucker und dem Anis unter den Teig rühren. Ca. 30 Minuten ruhen lassen.

2. Eine Pfanne erhitzen und den Zucker darin karamellisieren lassen. Die Früchte dazugeben und einmal aufkochen.

3. Eine beschichtete Pfanne mäßig erhitzen und dünne Crêpes backen.

4. Aus den Crêpes Körper und Flügel des Falters formen, auf Tellern anrichten und mit den Pfirsichspalten, den Früchten und den Gänseblümchen dekorieren.

Wichtelfalter

Süße Gerichte

Zutaten:

1 Packung Vollkorn-Toastbrot
1/2 l Milch
40 g Zucker
1 Packung Vanillepudding-pulver

Für die Dekoration:

Marshmallows, Schokoladen-aufstrich

Zubereitung:

1. Das Puddingpulver in eine Schüssel geben und mit dem Zucker vermischen. Nach und nach 6 Esslöffel kalte Milch unterrühren. Die restliche Milch in einem Topf zum Kochen bringen, mit einem Schneebesen das Puddingpulver einrühren und ca. eine Minute kochen lassen.

2. Das Brot toasten und mit einem scharfen Messer in Streifen schneiden. Auf Tellern zu einem Lagerfeuer aufstapeln, mit dem Vanillepudding übergießen.

3. Aus den Marshmallows Männchen formen, die Gesichter werden mit der Schokolade gestaltet.

Am Lagerfeuer

Süße Gerichte

Zutaten:

260 g Mehl Type 405
2 TL Backpulver
1 TL Zimt
4 EL Schokoladenstücke
2 Eier, 140 g brauner Zucker
100 g weiche Butter
1/8 l Milch, 2 reife Bananen

Für die Dekoration:

Papierförmchen, Sahne, verschiedene bunte Schokoladen- und Zuckerguss-Dekorationen

Zubereitung:

1. Den Backofen auf 180° C vorheizen. Das Mehl in eine Schüssel sieben, das Backpulver, den Zimt und die Schokoladenstücke dazugeben und mit einem Kochlöffel vermischen.

2. Die Butter mit dem Zucker verrühren und die Milch und die Eier nach und nach dazugeben. Die Bananen schälen, mit einer Gabel zerdrücken und unter die Masse rühren. Die Mehlmischung hinzufügen und unterheben.

3. Eine Muffins-Form mit den Papierförmchen auslegen. Je zwei Esslöffel Teig in eine Vertiefung geben. Im Backofen auf mittlerer Schiene 20 bis 25 Minuten backen. Für die Dekoration müssen die Muffins auskühlen.

4. Die Muffins als schöne, bunte, lustige Wichtelkuchen dekorieren. Du kannst sie auch mit Sahne oder Pudding füllen.

Wichtelkuchen

Süße Gerichte

Zutaten:

8 Birnen
250 g Milchreis
500 ml Milch
50 g Zucker
4 TL Zimtzucker

Für die Dekoration:

1 Beutel Mandelstifte,
Rosinen, Pistazien, 1 Apfel

Zubereitung:

1. Die Milch in einen Topf geben und unter Rühren aufkochen. Wenn die Milch kocht, den Reis einrühren, den Herd auf kleinste Stufe zurückstellen und den Reis ca. 25 Minuten quellen lassen. Gelegentlich umrühren, dann mit dem Zucker abschmecken.

2. Den Backofen auf 180° C vorheizen.

3. Vier Birnen so mit den Mandelsplittern spicken, dass sie aussehen wie Igel. Aus den Pistazien die Augen, aus den Rosinen die Nasen der Igel machen. Aus den restlichen Birnen die Hasen dekorieren. Ein Backblech mit Backpapier auslegen, die Birnen darauf setzen und im Backofen ca. 10 Minuten backen.

4. Den Apfel vierteln, das Kerngehäuse entfernen und das Fruchtfleisch in Spalten schneiden, je zwei Spalten werden für die Ohren der Hasen genommen, die anderen Apfelspalten werden auf dem Milchreis dekoriert.

Der Igel und der Hase

Süße Gerichte

Zutaten:

400 g Blätterteig
1 Ei
250 g Kirschen
1 EL Zucker

Für die Dekoration:

frische Kirschen

Zubereitung:

1. Die Kirschen waschen, entsteinen, klein schneiden und mit dem Zucker vermischen. Das Ei in eine Schüssel aufschlagen und mit einer Gabel verquirlen.

2. Den Backofen auf 180° C vorheizen, ein Backblech mit Backpapier auslegen.

3. Den Blätterteig auslegen und 4 Teigquadrate von ca. 15 cm ausschneiden. Von den Ecken her 5 cm einschneiden, in die Mitte der Quadrate die Kirschen setzen. Jede zweite Ecke zur Mitte klappen, so dass eine Windradform entsteht, leicht andrücken.

4. Aus dem restlichen Blätterteig schneidet man vier Dreiecke, füllt sie mit den Kirschen und klappt sie zusammen. Mit einigen Blätterteigstreifen dekoriert und mit dem Ei bestrichen werden die Blätterteigteile im Backofen ca. 15 Minuten gebacken.

5. Anschließend auf Tellern wie eine Windmühle zurechtlegen und mit den frischen Kirschen dekorieren.

Fruchtige Windmühlen

Süße Gerichte

Zutaten:

250 g Magerquark
2 Eier
3 EL Mehl
Salz
1 Dose Pfirsichhälften

Zubereitung:

1. Ein Ei trennen, das Eigelb in eine Schüssel geben (das Eiweiß wird nicht benötigt), das zweite Ei aufschlagen und mit dem Eigelb verquirlen. Den Quark, das Mehl und das Salz mit den Eiern vermischen, bis eine glatte Masse entsteht. Wasser in einem Topf erhitzen, mit zwei Löffeln aus der Quarkmasse Nockerln formen und im Wasser ca. 15 Minuten ziehen lassen.

2. 4 Pfirsichhälften auf die Seite legen, die restlichen Pfirsiche und 4 Esslöffel Saft in eine Schüssel geben und mit einem Pürierstab pürieren.

3. Das Pfirsichpüree auf Teller verteilen, die halben Pfirsiche darauf setzen und aus den Nockerln die Blütenblätter legen.

Wichtelblumen

Zutaten:

1 Packung Kartoffelteig
4 Aprikosen
4 Würfelzucker
150 g Semmelbrösel
2 EL Butter
2 EL Zucker

Für die Dekoration:

Kakaopulver,
Pfirsichspalten,
drei 1 cm breite Papierstreifen

Zubereitung:

1. Den Kartoffelteig nach Packungsanweisung zubereiten. Die Aprikosen waschen, halb aufschneiden, den Stein entfernen und mit dem Würfelzucker füllen. Den Kartoffelteig mit je einer Aprikose füllen und zu einem Ei formen. Wasser in einem Topf erhitzen und die Kartoffelknödel darin ca. 15 Minuten ziehen lassen.

2. Die Butter in einer Pfanne schmelzen, die Semmelbrösel und den Zucker einrühren und anrösten.

3. Die Knödel aus dem Wasser nehmen, etwas abtropfen lassen. Die Papierstreifen in Abständen auf die Knödel legen und mit dem Kakaopulver bestreuen. Die Semmelbrösel auf Teller verteilen, die Knödel darauf setzen und mit den Pfirsichspalten dekorieren.

Überraschungseier

Süße Gerichte

Zutaten:

100 g weiche Butter
150 g Mehl
1 Msp. Backpulver
150 ml Milch
120 g Zucker
1 Prise Salz
3 Eier
1 EL Öl
500 g Quark
1/2 Flasche Schokoladensauce
1 Packung Himbeeren
2 EL Zucker

Für die Dekoration:

Geburtstagskerzen,
Kirschen oder Himbeeren

Zubereitung:

1. Die Butter mit dem Zucker und einer Prise Salz in eine Schüssel geben und schaumig rühren. Die Eier unter ständigem Rühren nach und nach einzeln dazugeben, bis eine schaumige Masse entstanden ist. Mehl und Backpulver vermischen und unter den Teig rühren. Zum Schluss die Milch dazugießen, alles zu einem glatten Teig verarbeiten und zugedeckt 20 Minuten ruhen lassen.

2. Das Waffeleisen auf mittlere Temperatur vorheizen und beide Seiten mit etwas Öl einfetten. 2-3 Esslöffel Waffelteig auf die untere Backfläche verteilen. Das Waffeleisen schließen und leicht herunterdrücken. Nacheinander die Waffeln backen und auf einem Gitter auskühlen lassen.

3. Den Quark auf zwei Schüsseln aufteilen, einen Teil des Quarks mit der Schokoladensauce verrühren. Den anderen Teil mit den Himbeeren und dem Zucker vermischen.

4. Eine Waffel mit etwas Fülle bestreichen, die nächste darauf setzen und wiederholen, bis alle Waffeln zu einer Torte aufgeschichtet sind. Im Kühlschrank ruhen lassen.

Die Geburtstagstorte

Süße Gerichte

Zutaten:

260 g Mehl
2 TL Backpulver
60 g gehackte Schokostückchen
1 Ei
140 g Zucker
125 g weiche Butter
1/4 l Milch
Butter zum Einfetten der Formen

Für die Dekoration:

1 Packung grüne Götterspeise, Puderzucker, Gummibärchen, Schokoladenstücke

Zubereitung:

1. Den Backofen auf 180° C vorheizen.

2. Die Götterspeise nach Packungsanweisung herstellen und im Kühlschrank erstarren lassen.

3. Das Mehl in eine Schüssel sieben, mit dem Backpulver und den Schokostückchen vermischen. Das Ei in einer zweiten Schüssel mit einem Schneebesen verquirlen. Den Zucker, die Butter, die Milch dazugeben und verrühren, dann das Mehl unterrühren.

4. Kleine Kuchenförmchen einfetten und den Teig einfüllen. Im Backofen ca. 30 Minuten goldgelb backen.

5. Die Kuchen aus dem Backofen nehmen, in der Form noch 5 Minuten ruhen lassen. Dann aus der Form lösen. Wenn die Kuchen erkaltet sind, mit einem Messer den Boden glatt schneiden, sodass zwei Kuchen gut aufeinander passen.

6. Wenn die Götterspeise fest geworden ist, sie mit einem Messer in kleine Würfel schneiden und zwischen zwei Kuchen füllen, diese zusammensetzen und mit Puderzucker bestreuen. Die Ufos werden mit Gummibärchen und je zwei Schokoladenstücken dekoriert.

Geheimnisvolles Ufo

Süße Gerichte

Zutaten:

1 Wassermelone
2 Honigmelonen
400 g gekochter Schinken

Für die Dekoration:

einige Kirschen

Zubereitung:

1. Die Honigmelonen mit einem kleinen scharfen Messer zackenförmig halbieren. Mit einem Löffel die Kerne entfernen und Kugeln ausstechen.

2. Die Wassermelone halbieren und mit einem Ausstecher Kugeln herausholen.

3. Die Kronen abwechselnd mit den Kugeln füllen.

4. Auf vier Tellern anrichten, mit dem Schinken und den übrig gebliebenen Kugeln servieren.

Wichtelkronen

Süße Gerichte

Zutaten:

150 g Butter
150 g Zucker
1 Päckchen Vanillezucker
4 Eier
250 g Mehl
125 ml lauwarmes Wasser
100 g gemahlene Mandeln

Für die Dekoration:

verschiedene Süßigkeiten

Zubereitung:

1. Die Butter, den Zucker und den Vanillezucker schaumig rühren. Die Eier zugeben und abwechselnd Mehl und Wasser darunter rühren, bis ein flüssiger Teig entstanden ist. Die Mandeln in den Teig einrühren.

2. Den Oblateneinsatz in das Waffeleisen geben, auf die richtige Temperatur erhitzen und den Teig mit einem Löffel auf dem Einsatz verteilen. Den Deckel schließen. Wenn die Oblaten fertig sind, noch im heißen Eisen zu Hörnchen formen, in einen Glaskelch abstellen und auskühlen lassen. Die Schleckertüten mit verschiedenen Süßigkeiten füllen.

Schleckertüten

Süße Gerichte

Zutaten:

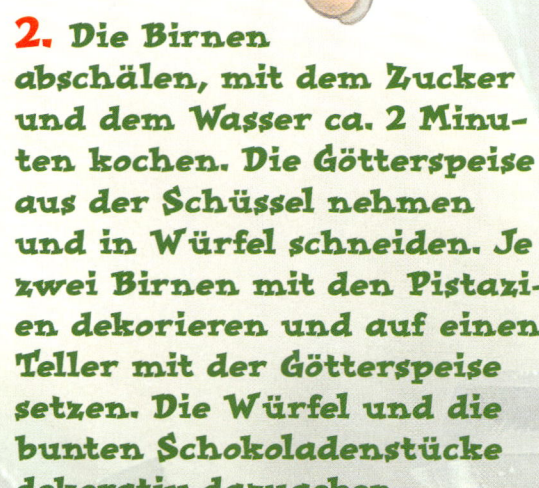

1 Packung Götterspeise
8 Birnen
2 EL Zucker
1 Liter Wasser

Für die Dekoration:

Pistazien, bunte Schokolade

Zubereitung:

1. Die Götterspeise nach Packungsanweisung herstellen, mit zwei Drittel der Masse auf vier Teller einen Spiegel gießen, die restliche Götterspeise in eine Schüssel geben. Das Ganze im Kühlschrank erstarren lassen.

2. Die Birnen abschälen, mit dem Zucker und dem Wasser ca. 2 Minuten kochen. Die Götterspeise aus der Schüssel nehmen und in Würfel schneiden. Je zwei Birnen mit den Pistazien dekorieren und auf einen Teller mit der Götterspeise setzen. Die Würfel und die bunten Schokoladenstücke dekorativ dazugeben.

Geister

Zutaten:

150 g Butter
150 g Zucker
1 Päckchen Vanillezucker
4 Eier
250 g Mehl
125 ml lauwarmes Wasser
100 g gemahlene Mandeln

Für die Dekoration:

1 Packung Pistazieneis

Zubereitung:

1. Die Butter, den Zucker und den Vanillezucker schaumig rühren. Die Eier zugeben und abwechselnd Mehl und Wasser darunter rühren, bis ein flüssiger Teig entstanden ist. Die Mandeln in den Teig einrühren.

2. Den Oblateneinsatz in das Waffeleisen geben, auf die richtige Temperatur erhitzen und den Teig mit einem Löffel auf dem Einsatz verteilen. Den Deckel schließen. Wenn die Oblaten fertig sind, noch heiß in eine Tasse oder Schüssel drücken, sodass ein Vogelnest entsteht.

3. Wenn die Vogelnester ausgekühlt sind, je drei Kugeln Eis einfüllen und servieren.

Vogelnester

Süße Gerichte

Zutaten:

60 g Rosinen
6 Eier
300 g Mehl
Salz
Backpulver
250 ml Milch
Saft und Schale einer Zitrone
2 EL Puderzucker
100 g Butter

Zubereitung:

1. Die Rosinen mit heißem Wasser übergießen und abtropfen lassen.

2. Die Eier trennen und die Eidotter mit dem gesiebten Mehl, Salz, Backpulver, Zitronenschale und Milch zu einem Teig verarbeiten. 20 bis 30 Minuten ruhen lassen.

3. Die Eiklar und den Puderzucker mit einigen Tropfen Zitronensaft und einer Prise Salz zu sehr steifem Schnee schlagen und die Hälfte vorsichtig unter den Teig heben.

4. Die Butter in einer Pfanne erhitzen, den Teig hineingeben und mit den Rosinen bestreuen. Zugedeckt goldgelb backen. Anschließend in Stücke reißen.

5. Den zerrissenen Pfannkuchen auf vier Teller verteilen und aus dem restlichen Eischnee jeweils einen schönen Gipfel formen. Im Backofen bei 220° C ca. 2 Minuten überbacken.

Bergsteiger-Wichtelessen

Register

Genehmigte Lizenzausgabe
EDITION XXL GmbH
Reichelsheim 2002

Fotos: Food in Wort und Bild, Sigmarszell
Küche: Corinna Brunner
Layout und Satz: Mathias Weil
Illustrationen: Eckhard Freytag

ISBN 3-89736-457-3